FILLES ET GARÇONS

PAR

ANATOLE FRANCE

Illustrations de M. B. de Monvel

HACHETTE & Cie

FILLES ET GARÇONS

Gravure de GUILLAUME frères

Imprimerie de l'ÉDITION ET DE L'INDUSTRIE

ANATOLE FRANCE

FILLES ET GARÇONS

Scènes de la Ville et des Champs

Illustrations de M. B. de MONVEL

PARIS
LIBRAIRIE HACHETTE
79, BOULEVARD SAINT-GERMAIN, 79

FILLES ET GARÇONS

LA CONVALESCENCE

Germaine est malade. On ne sait pas comment cela est venu. Le bras qui sème la fièvre est invisible comme la main, pleine de sable, du vieillard qui vient, chaque

soir, verser le sommeil dans les yeux des enfants. Mais Germaine n'est pas restée longtemps malade et elle n'a pas beaucoup souffert, et voici qu'elle est convalescente. La convalescence est plus douce encore que la santé qu'elle précède. C'est ainsi que l'espérance et le désir sont meilleurs, bien souvent, que tout ce qu'on désire et que tout ce qu'on espère. Germaine est couchée dans sa jolie chambre bleue et ses rêves sont de la couleur de la chambre.

Elle regarde de ses yeux encore languissants sa poupée qui repose près du lit. Il y a des sympathies profondes

entre les petites filles et leurs poupées. La poupée de Germaine fut malade en même

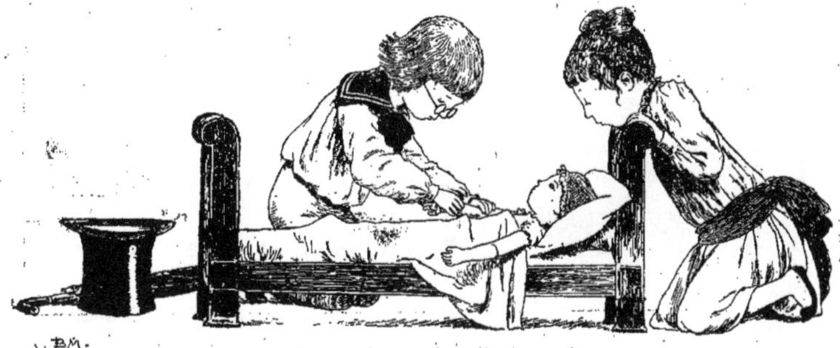

temps que sa petite maman, et maintenant elle est convalescente avec elle. Elle fera sa première sortie en voiture avec Germaine.

LUCIE EST LA MEILLEURE DES SŒURS. PENDANT LES NEUF JOURS QU'A DURÉ LA MALADIE DE GERMAINE, LUCIE EST VENUE ÉTUDIER SES LEÇONS ET COUDRE DANS LA CHAMBRE BLEUE. ELLE A VOULU APPORTER ELLE-MÊME LA TISANE A LA PETITE MALADE

Aussi a-t-elle reçu la visite du médecin. Alfred est venu tâter le pouls de la poupée. C'est le médecin Tant-pis. Il ne parle que de couper les bras et les jambes. Mais Germaine l'a tant prié, qu'il a consenti à guérir la poupée sans la mettre en morceaux. Il a seulement prescrit les tisanes les plus amères.

La maladie a du moins un avantage : elle nous fait connaître nos amis. Germaine sait maintenant qu'elle peut compter sur le bon Alfred. Elle sait aussi que sa sœur Lucie est la meilleure des sœurs. Pendant les neuf jours qu'a duré la maladie,

Lucie est venue étudier ses leçons et coudre dans la chambre bleue. Elle veut apporter elle-même la tisane à la petite malade. Et ce n'est pas une tisane amère comme en ordonnait Alfred; non, c'est une boisson tout embaumée du parfum des fleurs sauvages.

Lorsqu'elle la respire, Catherine songe aux sentiers fleuris de la montagne, connus des enfants et des abeilles, où elle a tant joué l'an passé. Alfred aussi se rappelle ces beaux chemins, et les bois, et les sources, et les mulets qui montaient sur le bord des précipices avec un bruit de grelots.

A TRAVERS CHAMPS

Après le déjeuner, Catherine s'en est allée dans les prés avec Jean, son petit frère. Quand ils sont partis, le jour semblait jeune et frais comme eux. Le ciel n'était pas tout à fait bleu; il était plutôt gris, mais d'un gris plus doux que tousles bleus du monde. Justement les yeux de Catherine sont de ce gris-là et semblent faits d'un peu de ciel matinal.

Catherine et Jean s'en vont tout seuls par les prés. Leur mère est fermière et travaille dans la ferme. Ils n'ont point de servante pour les conduire, et ils n'en ont point besoin. Ils savent leur chemin; ils connaissent les bois, les champs et les collines. Catherine sait voir l'heure du jour en régardant le soleil, et elle a deviné toutes sortes de beaux secrets naturels que les enfants des villes ne soupçonnent pas. Le petit Jean lui-même comprend beaucoup de choses des bois, des étangs et des montagnes, car sa petite âme est une âme rustique.

Catherine et Jean s'en vont par les prés fleuris. Catherine, en cheminant, fait un bouquet.

APRÈS LE DÉJEUNER, CATHERINE S'EN EST ALLÉE DANS LES PRÉS AVEC JEAN, SON PETIT FRÈRE. QUAND ILS SONT PARTIS, LE JOUR SEMBLAIT JEUNE ET FRAIS COMME EUX. LE CIEL N'ETAIT PAS TOUT A FAIT BLEU; IL ÉTAIT PLUTOT GRIS, MAIS D'UN GRIS PLUS DOUX QUE TOUS LES BLEUS DU MONDE.

Elle cueille des bleuets, des coquelicots, des coucous et des boutons-d'or, qu'on appelle aussi cocotes. Elle cueille encore de ces jolies fleurs violettes qui croissent au bord des blés et qu'on nomme des miroirs de Vénus. Elle cueille les sombres épis de l'herbe à lait et des becs-de-grue et le lis des vallées, dont les blanches clochettes, agitées au moindre souffle, répandent une odeur délicieuse. Catherine aime les fleurs parce que les fleurs sont belles; elle les aime aussi parce qu'elles sont des parures. Elle est une petite fille toute simple, dont les beaux cheveux sont cachés sous un béguin brun. Son tablier de cotonnade recouvre une robe unie; elle va en sabots. Elle n'a vu de riches toilettes qu'à la Vierge Marie

et à la sainte Catherine de son église paroissiale. Mais il y a des choses que les petites filles savent en naissant. Catherine sait que les fleurs sont des parures séantes, et que les belles dames qui mettent des bouquets à leur corsage en paraissent plus jolies. Aussi songe-t-elle qu'elle doit être bien brave en ce moment, puisqu'elle porte un bouquet plus gros que sa tête. Ses idées sont brillantes et parfumées comme ses fleurs. Ce sont des idées qui ne s'expriment point par la parole : la parole n'a rien d'assez joli pour cela. Il y faut des airs de chansons, les airs les plus vifs et les plus doux, les chansons les plus gentilles. Aussi Catherine chante, en cueillant son bouquet : « J'irai au bois seulette, » et « Mon cœur je lui donnerai, mon cœur je lui donnerai. »

Le petit Jean est d'un autre caractère. Il suit d'autres pensées. C'est un franc luron; il ne porte point encore la culotte, mais son esprit a devancé son âge, et il n'y a pas d'esprit plus gaillard que celui-là. Tandis qu'il s'attache d'une main au tablier de sa sœur, de peur de tomber, il agite son fouet de l'autre main avec la vigueur d'un robuste garçon. C'est à peine si le premier valet de son père fait mieux claquer le sien quand, en ramenant les chevaux de la rivière, il rencontre sa fiancée. Le petit Jean ne s'endort pas dans une molle rêverie. Il ne se soucie pas des fleurs des champs. Il songe, pour ses jeux, à de rudes travaux. Il rêve charrois embourbés et percherons tirant du collier à sa voix et sous ses coups.

Catherine et Jean sont montés au-dessus des prairies, le long du coteau, jusqu'à un endroit élevé d'où l'on découvre tous les feux du village épars dans la feuillée, et à l'horizon les clochers de six paroisses. C'est là qu'on voit que la terre est grande. Catherine y comprend mieux qu'ailleurs les histoires qu'on lui a apprises, la colombe de l'arche, les Israélites dans la terre promise et Jésus allant de ville en ville.

« Asseyons-nous là », dit-elle.

Elle s'assied. En ouvrant les mains elle répand sur elle sa moisson fleurie. Elle en est toute parfumée et déjà les papillons voltigent autour d'elle. Elle choisit, elle assemble les fleurs; elle en fait des guirlandes et des couronnes et se suspend des clochettes aux oreilles; elle est maintenant ornée comme l'image rustique d'une Vierge vénérée des bergers. Son petit frère Jean, occupé pendant ce temps à conduire des chevaux imaginaires, l'aperçoit ainsi parée. Aussitôt il est saisi d'admiration. Un sentiment religieux pénètre toute sa petite âme. Il s'arrête, le fouet lui tombe des mains. Il comprend qu'elle est belle Il voudrait être beau aussi et tout chargé de fleurs. Il essaye en vain d'exprimer ce désir dans son langage obscur et

DEBOUT SUR SON SOCLE AGRESTE, LE PETIT JEAN COMPREND QU'IL EST BEAU. DROIT, IMMOBILE, LES YEUX TOUT RONDS, LES LÈVRES SERRÉES, LES BRAS PENDANTS, LES MAINS OUVERTES ET LES DOIGTS ÉCARTÉS COMME LES RAYONS D'UNE ROUE, IL GOUTE UNE JOIE PIEUSE A SE SENTIR DEVENIR UNE IDOLE.

doux. Mais elle l'a deviné. La petite Catherine est une grande sœur; une grande sœur est une petite mère; elle prévient, elle devine; elle a l'instinct sacré.

« Oui, chéri, s'écrie Catherine, je vais te faire une belle couronne et tu seras pareil à un petit roi. »

Et la voilà qui tresse les fleurs bleues, les fleurs jaunes et les fleurs rouges pour en faire un chapeau. Elle pose ce chapeau de fleurs sur la tête du petit Jean, qui en rougit de joie. Elle l'embrasse, elle le soulève de terre et le pose tout fleuri

sur une grosse pierre. Puis elle l'admire parce qu'il est beau et parce qu'il est beau par elle.

Et debout sur son socle agreste, le petit Jean comprend qu'il est beau et cette idée le pénètre d'un respect profond de lui-même. Il comprend qu'il est sacré. Droit, immobile, les yeux tout ronds, les lèvres serrées, les bras pendants, les mains ouvertes et les doigts écartés comme les rayons d'une roue, il goûte une joie pieuse à se sentir devenu une idole. Le ciel est sur sa tête, les bois et les champs sont à ses pieds. Il est au milieu du monde. Il est seul grand, il est seul beau.

Mais tout à coup Catherine éclate de rire.

Elle s'écrie :

« Oh! que tu es drôle, mon petit Jean! que tu es drôle! »

Elle se jette sur lui, elle l'embrasse, le secoue; la lourde couronne lui glisse sur le nez. Et elle répète :

« Oh! qu'il est drôle! qu'il est drôle! »

Elle rit, mais le petit Jean ne rit pas. Il est triste et surpris que ce soit fini et qu'il ne soit plus beau. Il lui en coûte de redevenir ordinaire.

Maintenant la couronne dénouée s'est répandue à terre et le petit Jean est redevenu semblable à l'un de nous. Non, il n'est plus beau. Mais c'est encore un solide gaillard. Il a ressaisi son fouet et le voilà qui tire de l'ornière les six chevaux de ses rêves.

Catherine joue encore avec ses fleurs. Mais il y en a qui meurent. Il y en a d'autres qui s'endorment. Car les fleurs ont leur sommeil comme les animaux, et voici que les campanules, cueillies quelques heures auparavant, ferment leurs cloches violettes et s'endorment dans les petites mains qui les ont séparées de la vie.

Un souffle léger passe dans l'air et Catherine frissonne. C'est le soir qui vient.

« J'ai faim », dit le petit Jean.

Mais Catherine n'a pas un morceau de pain à donner à son petit frère.

Elle lui dit :

« Mon petit frère, retournons à la maison. »

Et ils songent tous deux à la soupe aux choux qui fume dans la marmite pendue à la crémaillère, au milieu de la grande cheminée. Catherine amasse ses fleurs sur son bras et, prenant son petit frère par la main, le conduit vers la maison.

Le soleil descendait lentement à l'horizon rougi. Les hirondelles, dans leur vol, effleuraient les enfants de leurs ailes immobiles. Le soir était venu. Catherine et Jean se pressèrent l'un contre l'autre.

Catherine laissait tomber une à une ses fleurs sur la route. Ils entendaient, dans le grand silence, la crécelle infatigable du grillon. Ils avaient peur tous deux et ils

ILS ÉTAIENT LAS ET ILS CRAIGNAIENT DE NE JAMAIS ARRIVER DANS LA MAISON OU LEUR MÈRE FAISAIT LA SOUPE POUR TOUTE LA FAMILLE. LE PETIT JEAN N'AGITAIT PLUS SON FOUET ET CATHERINE LAISSA GLISSER DE SA MAIN FATIGUÉE SA DERNIÈRE FLEUR. ELLE TIRAIT SON PETIT FRÈRE PAR LE BRAS ET TOUS DEUX SE TAISAIENT.

étaient tristes, parce que la tristesse du soir pénétrait leurs petites âmes. Ce qui les entourait leur était familier, mais ils ne reconnaissaient plus ce qu'ils connaissaient le mieux. Il semblait tout à coup que la terre fût trop grande et trop vieille pour eux. Ils étaient las et ils craignaient de ne jamais arriver dans la maison, où leur mère faisait la soupe pour toute la famille. Le petit Jean n'agitait plus son fouet. Catherine laissa glisser de sa main fatiguée sa dernière fleur. Elle tirait son petit frère par le bras et tous deux se taisaient.

Enfin, ils virent de loin le toit de leur maison qui fumait dans le ciel assombri.

Alors ils s'arrêtèrent, et, frappant ensemble des mains, poussèrent des cris de joie. Catherine embrassa son petit frère, puis ils se mirent ensemble à courir de toute la force de leurs pieds fatigués. Quand ils entrèrent dans le village, des femmes qui revenaient des champs leur donnèrent le bonsoir. Ils respirèrent. La mère était sur le seuil, en bonnet blanc, la cuillère à la main.

« Allons, les petits, allons donc! » leur cria-t-elle. Et ils se jetèrent dans ses bras. En entrant dans la salle où fumait la soupe aux choux, Catherine frissonna de nouveau. Elle avait vu la nuit descendre sur la terre. Jean, assis sur la bancelle, le menton à la hauteur de la table, mangeait déjà sa soupe.

LA REVUE

René, Bernard, Roger, Jacques et Étienne estiment qu'il n'y a rien de plus beau au monde que d'être militaire. Francine pense comme eux, et elle voudrait être un garçon pour devenir un soldat. Ils en jugent de la sorte, parce que les soldats portent de beaux uniformes, des épaulettes et des galons d'or, et des sabres qui reluisent. Il y a encore une autre raison pour mettre le soldat au premier rang dans la patrie :

c'est qu'il donne sa vie. Il n'y a de vraie grandeur en ce monde que celle du sacrifice et le sacrifice de la vie est le plus grand de tous, puisqu'il comprend tous les autres. C'est pourquoi le cœur de la foule des citadins bat vivement quand un régiment passe.

René est général. Il porte le chapeau à deux cornes et monte un cheval de guerre. Le chapeau est en papier et le cheval est une chaise. Son armée est composée

RENÉ, BERNARD, ROGER, JACQUES ET ÉTIENNE ESTIMENT QU'IL N'Y A RIEN DE PLUS BEAU AU MONDE QUE D'ÊTRE MILITAIRE. CATHERINE PENSE COMME EUX, ET ELLE VOUDRAIT ÊTRE UN GARÇON POUR DEVENIR UN SOLDAT.
BM.

d'un tambour et de quatre hommes, dont une fille. « Portez armes! en avant, marche! » Et le défilé commence. Francine et Roger ont tout à fait bonne mine sous les armes. Jacques, il est vrai, tient son fusil languissamment entre ses bras. C'est qu'il a l'âme mélancolique. Il ne faut pas lui en faire un reproche. Les rêveurs peuvent être des braves tout comme ceux qui ne rêvent point. Mais son jeune frère Étienne, le plus petit homme du régiment, demeure pensif. Il est ambitieux : il voudrait être général tout de suite : de là son souci.

« En avant! en avant! s'écrie René. Nous allons tomber sur les Chinois qui sont dans la salle à manger. » Les Chinois, ce sont les chaises. Quand on joue à la guerre, les chaises sont excellentes

pour faire des Chinois. Elles tombent. C'est tout ce que les Chinois peuvent faire de mieux. Quand toutes les chaises ont les pieds en l'air, René s'écrie : « Soldats, maintenant que nous avons vaincu les Chinois, nous allons goûter. » Cette idée est bien accueillie par toute l'armée. Les soldats, il faut que cela mange. Pour cette fois l'Intendance a fourni des vivres à souhait : babas, madeleines, éclairs au café et au chocolat, sirop de groseilles. L'armée dévore. Seul le sombre Etienne ne mange pas. Il regarde avec envie le sabre et le chapeau à deux cornes que le général a laissés sur une chaise. Il s'approche, il s'en empare et se glisse dans la chambre voisine. Là, seul devant la glace, il se coiffe du chapeau, il brandit le sabre; il est général, général sans armée, général pour soi seul. Il goûte en ambitieux ce plaisir plein de vagues présages et de longues espérances.

FEUILLES MORTES

Voici l'automne. Le vent qui souffle dans les bois fait tournoyer les feuilles mortes. Les châtaigniers sont déjà dépouillés et dressent dans l'air leur noir squelette. Voici que tombent les feuilles des hêtres et des charmes. Les bouleaux et les trembles sont devenus des arbres d'or, et seul un grand chêne garde encore sa verte couronne.

La matinée est fraîche; un vent aigre agite le ciel gris et rougit les doigts des petits enfants. Pierre, Babet et Jeannot vont ramasser les feuilles mortes, les feuilles qui naguère, du temps qu'elles vivaient, étaient pleines de rosée et de chants d'oiseaux et qui maintenant couvrent par milliers le sol de leurs petits cadavres desséchés. Mortes, elles sentent bon. Elles serviront de litière à Riquette, la chèvre, et à Roussette, la vache. Pierre a pris sa hotte; c'est un petit homme. Babet a pris son sac; c'est une petite femme. Jeannot les suit avec la brouette.

Ils ont descendu la côte en courant. A l'orée du bois ils ont rencontré les autres enfants du village, qui viennent aussi faire provision de feuilles mortes pour l'hiver. Ce n'est point un jeu : c'est un travail.

Mais ne croyez pas que ces enfants soient tristes parce qu'ils travaillent. Le travail est sérieux : il n'est pas triste. Bien souvent on l'imite

PIERRE, BABET ET JEANNOT VONT RAMASSER LES FEUILLES MORTES, LES FEUILLES QUI NAGUÈRE, DU TEMPS QU'ELLES VIVAIENT, ÉTAIENT PLEINES DE ROSÉE ET DE CHANTS D'OISEAUX ET QUI MAINTENANT COUVRENT PAR MILLIERS LE SOL DE LEURS PETITS CADAVRES DESSÉCHÉS.

pour jouer et les amusements des enfants reproduisent, la plupart du temps, les ouvrages des grandes personnes.

Voilà les enfants à l'œuvre. Les garçons font leur tâche en silence. C'est qu'ils sont déjà des paysans et que les paysans parlent peu. Il n'en est pas de même des paysannes. Nos petites filles font marcher leur langue tout en remplissant les paniers et les sacs.

Cependant le soleil qui monte réchauffe doucement la campagne. Des toits du hameau s'élèvent des fumées légères comme des haleines. Les enfants savent ce que disent ces fumées. Elles disent que la soupe aux pois cuit dans la marmite. Encore une brassée de feuilles mortes et les petits ouvriers prendront la route du village. La montée est rude. Courbés sous le sac ou penchés sur la brouette, ils ont chaud et la sueur leur monte au front. Pierre, Babet et Jeannot s'arrêtent pour souffler.

Mais la pensée de la soupe aux pois soutient leur courage. Poussant et soufflant, ils arrivent enfin. Leur mère, qui les attend sur le pas de la porte, leur crie : « Allons, les enfants, la soupe est trempée. »

Nos amis la trouveront excellente. Il n'est si bonne soupe que celle qu'on a gagnée.

SUZANNE

Le Louvre, vous le savez, est un musée où l'on conserve de belles choses et des choses anciennes : on a raison, car la vieillesse et la beauté sont également vénérables. Or, parmi les antiquités les plus touchantes du musée du Louvre, il est un morceau de marbre usé et rompu en beaucoup d'endroits, mais sur lequel on distingue nettement encore deux jeunes filles qui tiennent à la main chacune une fleur. Ce sont deux belles personnes : elles étaient jeunes dans la jeunesse de la Grèce. C'était, dit-on, l'âge de la beauté parfaite. Le sculpteur qui nous laissa leur image les a représentées de profil, se présentant l'une à l'autre une de ces fleurs de lotus que l'on disait sacrées. On respirait dans leur calice bleu l'oubli des maux de la vie. Nos savants se sont beaucoup occupés de ces deux jeunes filles. Ils ont consulté à leur sujet beaucoup de gros livres, reliés les uns en parchemin, d'autres en veau, et

SUZANNE SONGE QUE C'EST AUJOURD'HUI LA FÊTE DE SON AMIE JACQUELINE. C'EST POURQUOI ELLE VA CUEILLIR DES FLEURS QU'ELLE DONNERA A JACQUELINE AVEC DES BAISERS.

plusieurs en peau de truie; mais ils n'ont pas su pourquoi ces deux belles jeunes filles élevaient une fleur dans leur main.

Ce qu'ils n'ont pu découvrir après avoir travaillé, médité, sué, pâli, mademoiselle Suzanne l'a trouvé tout de suite.

Son papa l'avait menée au Louvre, où il avait affaire. Mademoiselle Suzon regardait les antiques avec surprise et, voyant des dieux à qui il manquait les jambes, les bras, la tête, elle se disait en elle-même : « Ah! ah! ce sont là les poupées des messieurs, et je vois que les messieurs cassent leurs poupées comme font les petites filles. » Mais quand elle passa devant les deux jeunes filles qui tiennent une fleur, elle leur envoya un baiser, parce qu'elle les trouvait jolies. Son père lui demanda alors :

« Pourquoi s'offrent-elles l'une à l'autre une fleur? »

Et Suzanne répondit aussitôt :

« Pour se souhaiter leur fête. »

Puis, ayant réfléchi un moment, elle ajouta :

« Leur jour de fête est le même, elles sont toutes les deux pareilles et elles s'offrent la même fleur. Les amies devraient avoir toutes le même jour de fête. »

Maintenant Suzanne est loin du Louvre et loin des vieux marbres; elle est dans le royaume des oiseaux et des fleurs. Elle passe dans les champs, à l'abri des bois, les jours clairs du printemps. Elle joue dans l'herbe, et c'est le plus doux jeu. Elle songe que c'est aujourd'hui la fête de son amie Jacqueline, c'est pourquoi elle va cueillir des fleurs qu'elle donnera à Jacqueline avec des baisers.

LA PÊCHE

Jean s'en est allé de bon matin avec sa sœur Jeanne, une gaule sur l'épaule, un panier sous le bras. L'école est fermée, les écoliers sont en vacances; c'est pourquoi Jean s'en va tous les jours avec sa sœur Jeanne, une gaule sur l'épaule, un panier sous le bras, le long de la rivière. Jean est Tourangeau, Jeanne est Tourangelle. La rivière est tourangelle aussi. Elle coule claire sous des saules argentés. Un ciel humide

et doux la regarde couler. Le matin et le soir, de blanches vapeurs se traînent sur l'herbe de ses berges. Mais Jean et Jeanne n'aiment la rivière ni pour les verts feuillages de ses bords, ni pour ses eaux pures où le ciel se mire. Ils l'aiment pour le poisson qui est dedans. Ils s'arrêtent à l'endroit le plus poissonneux, Jeanne s'assied sous un saule étêté. Ayant posé ses paniers à terre, Jean déroule sa ligne. Elle est simple : une gaule, avec un fil et une épingle recourbée au bout du fil. Jean a fourni la gaule, Jeanne a donné le fil et l'épingle; aussi la ligne est-elle

ILS S'ARRÊTENT A L'ENDROIT LE PLUS POISSONNEUX : JEANNE S'ASSIED SOUS UN SAULE ÉTÊTÉ. AYANT POSÉ SES PANIERS A TERRE, JEAN DÉROULE SA LIGNE. ELLE EST SIMPLE : UNE GAULE, AVEC UN FIL ET UNE ÉPINGLE RECOURBÉE AU BOUT DU FIL. JEAN A FOURNI LA GAULE. JEANNE A DONNÉ LE FIL ET L'ÉPINGLE; AUSSI LA LIGNE EST-ELLE COMMUNE AU FRÈRE ET A LA SŒUR.

commune au frère et à la sœur. Chacun la voudrait tout entière, et ce simple engin, qui ne devait nuire qu'au poisson, a soulevé des querelles domestiques et fait pleuvoir des horions sur la paisible berge. Le frère et la sœur ont lutté pour le libre usage de la ligne. Le bras de Jean est devenu noir d'avoir été pincé et la joue de Jeanne s'est empourprée sous les soufflets sonores. Et quand ils furent las de pinçons et de gifles, Jean et Jeanne consentirent à partager de bon gré ce que ni l'un ni l'autre n'avaient pu saisir par la force. Ils convinrent que la ligne passerait alternativement des mains du frère à celles de la sœur après chaque poisson pris.

C'est Jean qui commence. L'on ne

sait quand il aura fini. Il ne viole pas ouvertement le traité, mais il en détruit l'effet par un abus coupable. Pour n'avoir pas à céder la ligne à sa sœur, il se refuse à prendre le poisson qui s'offre, qui mord à l'hameçon et qui fait plonger le bouchon.

Jean est rusé : Jeanne est patiente. Depuis six heures elle attend. Cette fois pourtant elle semble lasse de sa longue inertie. Elle bâille, s'étire, se couche à l'ombre du saule et ferme les yeux. Jean l'épie du coin de l'œil et croit qu'elle dort. Le bouchon plonge. Il tire vivement le fil au bout duquel brille un éclair d'argent. Un goujon s'est pris à l'épingle.

« Ah! c'est à moi, maintenant », s'écrie une voix derrière lui.

Et Jeanne saisit la ligne.

LES FAUTES DES GRANDS

C'est pour aller voir l'ami Jean que Roger, Marcel, Bernard, Jacques et Étienne ont pris la route nationale qui déroule au soleil, le long des prés et des champs, son joli ruban jaune.

Les voilà partis. Ils s'avancent sur une seule ligne. On ne peut mieux partir. Pourtant il y a un défaut à cette ordonnance : Étienne est trop petit.

Il s'efforce, il hâte le pas. Il ouvre toutes grandes ses courtes jambes. Il

agite ses bras par surcroît. Mais il est trop petit, il ne peut pas suivre ses amis. Il reste en arrière parce qu'il est trop petit. C'est fatal.

Les grands, ses aînés, devaient l'attendre, direz-vous, et régler leur pas sur le sien. Ils le devaient; ils ne le font pas. En avant! disent les forts de ce monde, et ils laissent les faibles en arrière. Mais attendez la fin de l'histoire. Tout à coup, nos grands, nos forts, nos quatre gaillards s'arrêtent. Ils ont vu par terre une bête qui saute. La bête saute parce qu'elle est une grenouille, et qu'elle veut gagner le pré

ÉTIENNE EST TROP PETIT : IL S'EFFORCE, IL HATE LE PAS. IL OUVRE TOUT GRAND SES COURTES JAMBES. IL AGITE SES BRAS PAR SURCROIT, MAIS IL EST TROP PETIT, IL NE PEUT PAS SUIVRE SES AMIS.

qui longe la route. Ce pré, c'est sa patrie : il lui est cher; elle y a son manoir auprès d'un ruisseau. Elle saute.

Elle est verte; elle a l'air d'une feuille vivante. Bernard, Roger, Jacques et Marcel se jettent à sa poursuite. Les voilà dans le pré; bientôt ils sentent leurs pieds s'enfoncer dans la terre grasse qui nourrit une herbe épaisse. Quelques pas encore, et ils s'embourbent jusqu'aux genoux. L'herbe cachait un marécage.

Ils s'en tirent à grand'peine. Leurs souliers, leurs chaussettes, leurs mollets sont

noirs. C'est la nymphe du pré vert qui a mis les guêtres de fange aux quatre désobéissants.

Étienne les rejoint tout essoufflé. Il ne sait, en les voyant ainsi chaussés, s'il doit se réjouir ou s'attrister. Il médite en son âme innocente les catastrophes qui frappent les grands et les forts. Quant aux quatre guêtrés, ils retournent piteusement sur leurs pas, car le moyen, je vous prie, d'aller voir l'ami Jean en pareil équipage? Quand ils rentreront à la maison, leurs mères liront leur faute sur leurs jambes, tandis que la candeur du petit Étienne reluira sur ses mollets drus.

LA DÎNETTE

La jolie chose que la dînette! C'est, comme on veut, très simple ou très compliqué. On peut la faire avec rien du tout. Dans ce cas il faut beaucoup d'imagination.

Thérèse et sa petite sœur Pauline ont invité Pierre et Marthe à une dînette à la campagne. C'est une dînette priée. On en a parlé longtemps à l'avance. La maman des deux sœurs a donné des conseils; elle a donné aussi des frian-

dises. Il y aura des nougats et des éclairs, une crème au chocolat. La table sera dressée sous la tonnelle.

« Pourvu qu'il fasse beau! » s'écrie Thérèse, qui a déjà neuf ans. A son âge on sait que les plus douces espérances sont souvent trompées en ce monde et qu'on ne peut pas toujours faire ce qu'on se propose.

PIERRE DÉCOUPE GALAMMENT LE NEZ DANS L'ASSIETTE ET LES COUDES PAR-DESSUS LA TÊTE. IL DIVISE AVEC EFFORT UNE CUISSE DE POULET. IL N'Y A PAS JUSQU'A SES PIEDS QUI NE PARTICIPENT A SON ACTION. C'EST QUE PIERRE EST UN GAILLARD ÉNERGIQUE.

Mais la petite Pauline ne se trouble point ainsi. Elle ne saurait prévoir le mauvais temps. Il fera beau : elle le veut.

Et voici que le jour de la dînette s'est levé pur et radieux. Pas un nuage dans 'air. Les deux invités sont venus. Quel bonheur! Car c'était là pour Thérèse un autre sujet d'inquiétude. Marthe était enrhumée et l'on pouvait craindre qu'elle ne fût point guérie à temps. Quant au petit Pierre, tout le monde sait qu'il manque toujours le train. On ne peut pas lui en faire un reproche. C'est son malheur, et ce n'est point sa faute. Sa maman est d'un naturel inexact. Partout, toujours le petit Pierre arrive après les autres; il n'a vu le commencement de rien. Il en a pris un air de stupeur et de résignation.

Par extraordinaire, il s'est rendu exactement à l'invitation des deux sœurs. Cette fois sa maman n'a pas manqué le train, parce qu'elle s'est trompée d'heure.

Le couvert est mis. A table pour la dînette! C'est Thérèse qui sert. Elle est pensive et sérieuse, car des instincts de ménagère s'éveillent dans son cœur. Pierre découpe galamment. Le nez dans l'assiette et les coudes par-dessus la tête, il divise avec effort une cuisse de poulet. Il n'y a pas jusqu'à ses pieds qui ne participent à son action. Mademoiselle Marthe mange avec élégance, sans grands mouvements, sans bruit, comme les dames. Pauline y fait moins de façon : elle mange comme elle peut et tant qu'elle peut.

Thérèse, tour à tour servante et convive, est contente. Contentement passe joie. Le petit chien Gyp est venu manger les restes, et Thérèse songe, en le voyant croquer les os, que les chiens n'ont point inventé toutes les délicatesses qui font des repas des hommes et des dînettes des enfants quelque chose d'exquis.

L'ARTISTE

Michel est le fils d'un peintre. Il a vu son père former sur la toile des images merveilleuses d'hommes et d'animaux et imiter avec des couleurs la terre, la mer,

le ciel et toute la nature. Il a vu son père peindre avec amour des femmes dont le regard et les lèvres semblent de flamme et de rosée et qui sourient, toutes blanches. Quand je serai grand, pense le petit Michel, je ne peindrai pas de femmes. Je peindrai des chevaux, parce que c'est plus beau.

Et déjà il s'exerce à dessiner les plus belles bêtes qu'il puisse imaginer. Mais les chevaux qui sortent de ses doigts ont ceci de particulier, qu'ils ne ressemblent pas à des chevaux. Ils ressemblent plutôt à des autruches montées sur quatre pattes. C'est très difficile, la peinture.

Pourtant Michel fait de grands progrès et maintenant en voyant ses dessins on devine à peu près ce qu'ils représentent. Il dessine tous les jours. Il a la patience et l'amour. Ce sont les deux moitiés du génie. Le temps fera le reste, et peut-être que Michel deviendra un aussi grand peintre que son père. Hier il a couvert une feuille de papier écolier d'une belle composi-

MICHEL FAIT DE GRANDS PROGRÈS, ET MAINTENANT EN VOYANT SES DESSINS ON DEVINE A PEU PRÈS CE QU'ILS REPRÉSENTENT. IL DESSINE TOUS LES JOURS. IL A LA PATIENCE ET L'AMOUR, CE SONT LES DEUX MOITIÉS DU GÉNIE.

tion. Il a représenté un monsieur qui, la canne à la main, se promène au bord de la mer. A cela près que le bras lui sort de la poitrine, ce monsieur est très bien fait. Il a quatre boutons à son habit; c'est la perfection. Près de lui est un arbre. Au loin un bateau. Le monsieur a l'air de prendre le bateau dans sa main et de vouloir avaler l'arbre. C'est là un défaut de perspective. On en relève chez les plus grands maîtres.

Aujourd'hui Michel achève une composition plus vaste encore. On y voit des hommes, des bateaux et des moulins à vent. Il met la dernière main à ce grand ouvrage. Il lui semble que les bateaux glissent sur l'eau et que les ailes des moulins tournent. Il s'admire. Il se glorifie en son œuvre comme les vrais artistes, à l'exemple de Dieu.

Cependant il ne songe pas au petit chat qui joue à ses pieds avec un peloton de fil. Dès que Michel aura quitté la chambre, le petit chat sautera sur la table et renversera d'un coup de sa patte blanche l'encrier sur les papiers. Ainsi périra le chef-d'œuvre de Michel. L'auteur en sera triste d'abord. Mais bientôt il fera un nouveau chef-d'œuvre pour réparer l'injure du petit chat et de la destinée. C'est ainsi que le talent surmonte la mauvaise fortune.

JACQUELINE ET MIRAUT

Jacqueline et Miraut sont de vieux amis. Jacqueline est une petite fille et Miraut est un gros chien. Ils sont du même monde, ils sont tous deux rustiques; de là leur intimité profonde. Depuis quand se connaissent-ils? Ils ne savent plus : cela passe la mémoire d'un chien et celle d'une petite fille. D'ailleurs ils n'ont pas besoin de le savoir; ils n'ont ni envie ni besoin de rien savoir. Ils ont seulement l'idée qu'ils se connaissent depuis très longtemps, depuis le commencement des choses, car ils n'imaginent ni l'un ni l'autre que l'univers ait existé avant eux. Le monde, tel qu'ils le conçoivent, est jeune, simple et naïf comme eux. Jacqueline y voit Miraut et Miraut y voit Jacqueline tout au beau milieu.

Miraut est beaucoup plus grand et plus fort que Jacqueline. En posant ses pattes de devant sur les épaules de l'enfant, il la domine de la tête et du poitrail. Il pourrait l'avaler en trois bouchées; mais il sait, il sent qu'une force habite en elle et que, pour petite qu'elle est, elle est précieuse. Il l'admire; il l'aime. Il la lèche par sympathie. Jacqueline l'aime parce qu'il est fort et qu'il est bon. Elle a pour lui un sentiment de respect. Elle observe qu'il connaît

JACQUELINE ET MIRAUT SONT DE VIEUX AMIS.
JACQUELINE EST UNE PETITE FILLE ET MIRAUT EST UN GROS CHIEN : ILS SONT DU MÊME MONDE, ILS SONT TOUS DEUX RUSTIQUES; DE LA LEUR INTIMITÉ PROFONDE. DEPUIS QUAND SE CONNAISSENT-ILS? ILS NE LE SAVENT PLUS; CELA PASSE LA MÉMOIRE D'UN CHIEN ET CELLE D'UNE PETITE FILLE.
BM

beaucoup de secrets qu'elle ignore et que l'obscur génie de la terre est en lui. Elle le voit énorme, grave et doux. Elle le vénère comme, sous un autre ciel, dans les temps anciens, les hommes vénéraient des dieux agrestes et velus.

Mais voici que tout à coup elle est surprise, inquiète, étonnée : elle a vu son

vieux génie de la terre, son dieu velu, Miraut, attaché par une longue laisse à un arbre, au bord du puits. Elle contemple, elle hésite. Miraut la regarde de son bel œil honnête et patient. Ne sachant pas qu'il est un génie de la terre et un dieu couvert de poils, il garde sans colère sa chaîne et son collier. Mais Jacqueline n'ose avancer. Elle ne peut comprendre que son divin et mystérieux ami soit captif, et une vague tristesse emplit sa petite âme.

IMPRIMERIE DE L'ÉDITION ET DE L'INDUSTRIE
7, AVENUE VERDIER, 7
MONTROUGE (Seine).

www.ingramcontent.com/pod-product-compliance
Ingram Content Group UK Ltd.
Pitfield, Milton Keynes, MK11 3LW, UK
UKHW021523260726
13993UKWH00004B/1856